AF397871

FSC
www.fsc.org
MIX
Papper från
ansvarsfulla källor
Paper from
responsible sources
FSC® C105338

LENA G − *göm dig inte mer!*

Minimemoar

Jan Eric Arvastson

till minne av en älskad väninna...

ISBN: 9789179692872

© 2021 Jan Eric Arvastson

Författare: Jan Eric Arvastson

Ansvarig utgivare: Jan Eric Arvastson

Hemsida: www.arvastext.se

Alla texträttigheter förbehållna ArvasText

Omslag: Christer Wallgren

Produktion: Christer Wallgren WMC

Förlag: BoD – Books on Demand, Stockholm, Sverige

Tryck: BoD – Books on Demand, Norderstedt, Tyskland

V1.03 – 2021-06-18

LENA G — göm dig inte mer!

Minimemoar till minne av en älskad väninna... men inte tillägnad hennes son!

Som jag nästan aldrig träffade sedan han vuxit upp. Jag minns knappt hans förnamn. Är det Anders eller Anton? Vilket efternamn han använder anar jag heller inte. Sin mammas G., eller pappans H.?

Det enda jag tänker på är att du har gömt Lena för oss, Anders eller Anton G. eller vad du heter... Stuckit undan henne på något modernt sterilt Höstsol. Gjort det med berått mod, för som det brukar heta hennes "eget bästa".

Det du inte bryr dig om, son – jag tror du blev någon sorts professionell vårdare till yrket – är hur vi, hennes vänner, känner det. Är du säker på att det du gjort är det bästa – att undanhålla en gammal kvinna från dem hon känt hela livet, även om hon skulle vara sjuk? Det är en hård anklagelse – men det är väl inte så att du skäms för vad hon blivit?

Du anar inte hur mycket vi vill veta var hon finns och träffa henne. Fäktmästaren, pressrådet som var hennes motspelare i en Huxley kärlekskarusell, andra gamla kolleger utanför teatrarna inte att förglömma. Inte minst mig, fast jag varken är regissör, aktör utan bara statist.

Men i din mammas liv har jag varit mer än så.

På muren intill mitt arbetsrumsfönster hänger ett gulnat tidningsfoto. Av Lena G., som 20–åring, 1958, dansande med parasoll och sjungande i "Spetsbyxor" på Intiman i Stockholm. Den bästa jag vet. Om det är så att hon, Lena G., din mor, inte längre vill veta av oss eller kanske av hela världen, låt oss få höra det!

Det ska tilläggas att du inte ensam om att hemlighålla, Anders, Anton eller vad du heter. Tillfrågade myndigheter tiger också om var hon finns. Varför? Bara så enkelt som i ett försök att skydda henne? Eller finns det något ohederligt bakom?

Kramregler

Jag börjar prompt med ett kärleksminne. Eller ett baksidan av kärleken–minne om man så vill. Till skillnad från de flesta andra blev det dokumenterat på ett särskilt vis. Därför har jag tagit med det.

I vår ungdom var vi, Lena och jag, alltså kära i varandra några år. Åtminstone jag i henne. Inför en sommar då vi skiljas åt för ett tag, gjorde jag upp en lista på regler för troheten.

Bakgrunden till detta pillrande var att du, Lena, förväntades resa till nära släktingars gård i Värmland och hälsa på, sommarbo ett tag. Jag hade fått veta att där fanns en stilig pojke i din ålder, ”bondens son”.

Lena, med berått mod gjorde du mig svartsjuk! Jag svarade med att ställa upp regler för din samvaro med honom. Egentligen skrevs reglerna för att gälla även mina eventuella kontakter med andra flickor. Men det råder inget tvivel om att reglernas udd var riktad mot dig. Aldrig upp på höskullen med honom. Kyssas med öppen mun, uteslutet. Icke ens snudda vid tanken att beröra underliv, varken hans eller ditt eget. O.s.v.

Den här regelboken finns i fragment i en novell jag diktade några år senare. Publicerad i Sv D:s litterära Söndagsläsning, och med den prosaiska titeln Sommaravtal. Jag skrev den i mitt rum i Studentstaden i Uppsala och illustratören var en kamrat i korridoren, Ulf Löfgren. Här kommer ett utdrag ur novellen. I den – inte i verkligheten – har pojkvännen kammat åt sig ett spännnande sommarjobb som guldletare i norr. Medan flickan i sin tur, till skillnad från Lena G., inte tycks vara på väg att resa någonstans; hon ska vara kvar i sin bostad i ett hus vid havet. Men utsatt för de frestelser som tycks oundvikliga:

– Du kanske kan sticka undan någon guldklimp som du hittar, sa flickan.Och strök med fingret över hans handled där armbandsuret satt. Utan att titta efter vad klockan var. Han ignorerade hennes inpass men höll armen stilla. Sa i stället:

– Och inte en flicka finns där uppe på myrarna. Bara mygg och en eller annan liten lappgumma. Så i det fallet kan du vara lugn.

Hon tog bort fingret.

– Ja jag litar på din trohet, sa hon tyst.

– Men hur är det med fröken Gudrun själv? Han grep hastigt tag i henne och kysste henne på munnen. Hon drog sig undan. I stället la hon sig ner och tittade mot himlen. Den var så vidunderligt lysande blå att det uppstod ett tryck kring hennes hjärta. Vinden susade mjukt i träden ovanför dem och viskade i gräset. På avstånd hördes en bilmotors surr. Som ur fjärran kom också hans röst:

— Här vid havet blir det gott om vackra gossar. Hur ska jag kunna lita på dig?

— Det är inget bekymmer. Var tyst nu. Lyssna till gräset i stället.

— Nej jag vill säga min mening om det här. Jag tycker det är viktigt. Det är klart att du kommer att vara ute med andra.Jag också. För jag åker väl in till någon dansbana ibland. Det blir så att vi kommer att dansa och skratta och ha trevligt med andra. Men hur långt ska vi få gå, tycker du?

Hon svarade inte, utan tittade rakt upp i himlen. Han tog ett grässtrå och stoppade i munnen.

– Ser du, sa han, jag tror att man gör klokt i att bestämma i förväg i de här sakerna. Jag känner många som har fått bryta för att de inte gjorde upp innan om vad de skulle tillåta varann medan de var skilda åt på sommarn...!

– Ja man måste ju skiljas för sommarn, insköt flickan,Gudrun.

– Inte alltid, dumsnut. Men ibland. Hon kanske semestrar i Italien.Och han...

– Söker guld i lappmarken, sa hon.

– Ja till exempel. Vet du, jag tror att en kyss i porten men inte mer, är en bra regel att hålla sig till!

– Nu fryser jag, sa flickan. Nu vill jag gå hem.

I porten ville hon inte ha någon godnattkyss. Det var första kvälllen som de inte stått en halvtimme tillsammans därnere. Hon tog bara hans hand och sa "Hej då". Hon hörde inte hans rop om att vänta. Ty då hade porten redan knäppt igen mellan dem. Men plötsligt stack hon ut huvudet genom ett trappfönster ovanför hans huvud och ropade:

– Är du säker på att det var därför de bröt, dina vänner?

Jag

Jag ska försöka att i de här lösryckta minnesstumparna låta bli att gå händelserna i förväg. Bara berätta om Lena G. och mig och några andra. Lite grann, en stund. Så görbra jag kan, och osentimentalt. (*Gör* var ett Lenas nya ord när hon kom hem från Värmland, ett dåtida lokalt inne–kraftdito. Kanske stammar det från Västkusten.)

Alltihop kan ändå bli rätt förvirrat. Ity mycket minns jag inte längre tågordningen på. Eller platsen för.

Så här var det i alla fall, i korthet, och till att börja med, och för att inleda med mig själv: Efter realskoleexamen i Kalix lämnade jag mina föräldrars hem, för att åka och börja direkt i ring L2 vid Luleå högre allmänna läroverk, 78 km bort.

Genom en kamrat i den nya klassen, Lillemor G., blev jag mycket snart bekant med systern Lena, tre och ett halvt år yngre än jag. En söt och munter tonårsflicka med de vackraste kinder jag sett.Och som alltid bligade stint på mig som om jag vore något.

Ja där fanns en åldersskillnad. Men den kom aldrig att spela någon roll för oss. Jag tror fortfarande att vi blev äkta förälskade, och jämställda; Lena var inte den som, då eller senare, kröp för pojkar eller män, smilade in sig, Kanske för att hon saknade pappa och hade en stark mor. Stark, frimodig, med gyllenblonda strån och lockar, ibland ganska kort, vissa tider längre. Och glad var hon, den lilla flickan från Svartösta'n som jag lyckades få komma så nära.

Efter två år med Lena som käresta, läroverket som utbildningsanstalt och Norrbottens–Kuriren som journalistisk plantskola (men jag hade börjat jobba för N–K–Isakssons redan som realskoleelev i Kalix) tog jag min student.

Och efter bara månads ledighet bar det av till I 19 i Boden. Under de följande 15 månaderna delade jag mig mellan Livregementets miliärövningar och permissionsledigheter hos Lena och hennes familj i Luleå. Och jo visst ibland var jag också med mina föräldrar. Lena G. å sin sida visade aldrig något särskilt behov av att umgås med sin mamma. Jag tror visst att de älskade varandra. Men att de gjorde något alldeles eget tillsammans såg jag aldrig.

När militärtjänsten i Boden var slut och jag hade fått rangen värnpliktig fänrik tog jag mina 1500 kr – eller var det bara 1200? – i arvode och drog till Uppsala. Jag blev snabbt inskriven vid filosofiska fakulteten. Lena G. låg ju efter i ålder och skulle komma ner först ett år senare.

Jag hann etablera mig rätt ordentligt innan hon anlände till Ungdomens stad: Redan gått i gång med en kurs i litteraturhistoria under Victor Svanberg, börjat en annan i engelska och blivit medlem i Studentteatern. Som dåförtiden hade sin förtrollande repetitionsokal i tunnlarna under min engelska studielokal, alltså den s. k. Philologen.

Jag hade redan från början en hel del vänner. Framför allt studentkamraten och latinaren Birger B. och hans akademiska syskonskara med pojk– och flicknärstående. Plus en annan student från Solna, i franska, vid namn Staffan B. Som också hade en stor syskonskara som läste i Uppsala.

Denne Staffan B. skulle sedan bli Lena G.:s kompare på gitarr när hon fick jobb som bar/visångerska på det fina Hotell Gillet vid stranden av Fyris å. Hotellet ligger bara några få steg från både Norrlands nation och Fyris teater. Vilka blev viktiga knutpunkter i både Lenas och mitt liv i Uppsala.

Under den kommande karriärens första tid, från revyn på Fyris och framöver, jämfördes kabaretstudenten Uppsala–Lena med sin motsvarighet från Lunds akademiska värld,

Cilla I. Men de var två skilda storheter. Medan Lena hade en mjuk sexig utstrålning, var Cilla en käckare typ, en närmast burdus showartist. Jag skulle aldrig ha kunnat bli kär i gymnasistversionen av henne...

”Öm...”

”Jag är alldeles öm därinne...” Aldrig ska jag glömma den gången Jag kom för att träfffa Lena G. i den enrumslägenhet i Uppsala – mycket finare än ett vanligt studentrum – som hon, mig ovetande hade kommit över på något sätt. Som egentligen var Tusse L:s lya. Men som han alltså hade hyrt ut.

”Jag är alldeles öm därnne... mellan benen, Peje. Jag kan knappt stå rak...”

Hon log lite snett, ömkligt, roat ömkligt mot mig. Lite speciellt.

För mig ett satans leende.Man talar om att himlen faller ner.

”Vill du äta frukost med mig nu, innan jag måste i väg och repetera? Stig Ossian har sagt...”, hon skrattade plötsligt muntert till, ”att han inte tänker tolerera några akademiska kvartar... Jag bjuder på fil och flingor med en halv banan till...Peje, du säger ingenting?”

Långsamt trängde henens ord in. Det svindlade till i huvudet. Jag tror jag var nära att svimma. Nu var det jag som hade blivit tagen med överraskning.

Samtidigt inte. På något sätt. Jag hade nog ett tag känt på mig att den kärlekssaga som funnits i flera år som en hela tiden svävande skimrande bubbla runt oss, inte existerade mer. Eller i alla fall på ett långt mindre övertygande sätt. De avslöjande ord hon kastat rakt i ansiktet på mig nu – som en blandning av smärtsam suck och belåtet skrik – ja varför hade hade hon behövt det?

"Jag är alldeles öm därinne..." Det var vad hon anförtrodde mig, den där morgonen, i Tusses f d lya, nu Lenas. Jag satte mig vid bordet. Strax kom hon med tallrikar och filpaket och en delad banan. Precis samma sätt, utan krusiduller, som hon skulle gånger senare också, under kommande 50–60 år ; de sista decennierna i hennes och Jan H:s radhus vid Riksrådsvägen i Björkhagen. Tjogtals gånger, efter att vår vänskap om och om igen befunnits outslitlig. Gånger som när till exempel när vi hade kommit tillbaka efter en biltur till något av våra mer långväga utflyktsmål, eller senare, promenader runt Skarpnäcksfältet. Där för övigt Lena G. Så gott som varje gång gjorde ett eller flera "fynd". Jag återkommer till dem. Om att

Men jag måste få notera en annan sak här, i samband med dessa Lenas och mina promenader i området. Hennes make och samboende, Jan H., var aldrig med på dessa promenader. Det var fint av honom . Jag är alldeles övertygad att han lät oss gå för oss själva av ren hänsynsfullhet. I stället kunde vi, Lena G., kommer du i håg det ? – skymta honom bakom något mastigt träd, där han stod och sträckte sina lemmar eller bara vilade. Han tittade inte ens åt vårt håll när vi promenerade förbi. Frid över ditt minne, Jan!

Tillbaka till Lenas/Tusses lya i Uppsala.Jag tror den ligger ett par trappor upp i ett vackert bostadshus nära Sysslomansgatan, mitt i stan. Själv hade jag föst ett tag bott i ett vanligt hyresrum vid Järnbron men sedan promoverats till en kvart i Studentstaden vid Rackarbacken, ett rum av mycket enklare modell än Lenas flotta bostad.

Vem var nu denne Tusse? Ännu en älskare? Nej. Så förhöll det sig inte. Tusse var knappast någon he–man och hans intresse för för kabaré minimalt. Han var liten och spenslig, skarpt blond och med cynisk blick. Tusses styrka låg i hans vassa humor. Förmögen för att vara student kanske, redan en ung övrliggare. Betydde det att han var han rik och kunde blända (Lena G.) med pengar? Nej, gjorde inget väsen av sig –då. Men var den som senare BOOM! – skulle få en lidnersk knäpp, byta bort smeknamnt Tusse mot sitt fulla borgerliga Sven–Olof L. Och småningom bli en av Sveriges främsta professorer i ekonomi och tongivande i finansdebatten.

"Hanrejen." Första dagarna efter att jag fått klart för mig att någon hade slagit mig ur brädet hos Lena var jag som avdomnad. Inte bara "en trappa längre ner" som hos henne själv utan i hela kroppen. Jag kunde inte fatta. Men efter ett par dagar byttes avdomningen mot ett bittert, glödande tyst hat. Jag hade hört mig för lite och kommit fram till att den som förfört Lena G. också passat på att också ge sig själv ett privat arvode in natura för sin artikel, var en journalist från en stor fototidning; en lång snygg kille. Han hade slagit oerhört eleganta plåtar av Lena G. på Fyrisscenen. Framför allt kring hennes nummer i revyn som den halvnakna älskogslängtande barn–femme fatal'en Baby Doll. Öppen inbjudande mun, spelande tungspets, beslöjad blick, i själva verket en figur kopierad från en aktuell mycket känd film eller bok–hit.

Det blev ett succéreportage, uppslaget över flera sidor; just den sorts press som säkerligen betydde allt för Lena G.:s genombrott som kabarértist. (Bidragande till min ilska var att jag själv hjälpt Jan I. med att få till just den här eggande sångtexten.) "Jag är som Baby Doll och ligger på min säng/väntar på en man som mig kan ta..." var en framträdande rad.

Den som fotat och skrivit ihop reportaget i den stora bildtidningen hade gjort Lena en avgörande tjänst. Och tidningen sålde själv massor av nummer extra.

Som tack hade Lena G. låtit sig förföras av honom. På ett brutalt och bakslugt sätt, inbillade jag mig.

Kniv i fickan

Hämnd! Jag hade tagit reda på var fotojournalisten bodde (i en Stockholmsförort, Tumba tror jag). Snart var jag på väg dit, per tåg och buss. Jag var beväpnad och trängtade efter revansch. Min hämnd skulle, hade jag planerat, inte tas ut på journalisten utan gå ut över den fru jag visste att han hade, och som bodde i radhuset med honom. Med mitt vapen skulle jag tvinga henne till samlag med mig. När det hela var över – bara kasta ur mig några bittra, grymma ord och lämna huset.

Jag hade inte, som Olle Adolphson i sin hämndvisa, en "hammare under kavajen". Men på huvudet en lvart keps långt nerdragen i pannan. Inlindad var jag upp över öronen i min gamla trenchcoat med burberry–hög krage fast det var sommar. I fickan en gammal brunskaftad morakniv, som jag många gånger i barndomen rensat abborre med; den hade säkert några flagor av torkat blod kvar i sina skåror.

Liksom hämnaren i Adolphsons visa gick jag nu mot ett nederlag, kanske inte mitt livs men kraftigt nog ändå. För det blev inget av det hela, alls. Flera gånger knackade jag på dörren till den lilla bruna villan. Ingen svarade. Jäms med det sjönk min beslutsamhet. Var det verkligen det här jag ville göra? Ge mig på en oskyldig kvinna?

Ingen svarade och ingen granne synade mig heller, som tur var. Jag släppte taget om knivskaftet och vandrade tillbaka mot pendeltågsstationen.

Efter ett tag fick jag också klart för mig att det inte var bildjournalisten som Lena hade älskat med, utan en av de virila medlemmarna i den egna ensemblen. Jag sa naturligtvis aldrig ett ord till henne om min hämndresa.

Vår kärlek hade falnat. Det enda jag kunde göra var att inse det och bita ihop. Försöka starta en egen, swinging karrär. Då kanske jag inte behövde förlora henne. Så – jag teg, höll masken, log tillbaka om än mycket stelare nu. Kanske det kunde bli hon och jag igen...

I samma studentstadslängor som jag bodde då PellePennans tecknare Ulf L., blivande TV–krimiskaparen Leif K. och studentteater-regissören Jan I., den senare blivande svensk lektor i Paris. Det var långtifrån fy skam. H Hur roligt hade jag inte i de här lyorna och deras gemensamhetskokvrår i sällskap med nämnda vänner och andra. Sedan Lena G. glidit bort allt längre.

Lyor! Lycka! Jag alltså under den här tiden i ett enkelt studentrum – medan Lena G. på något sätt fått tag i en tiptop etta med riktigt kök och matbord. Snygga flickor tycks alltid kunna komma över en lägenhet på villkor som vi andra aldrig är i närheten av. Och Lena G. var en snygg flicka, hela tiden. Trots att hon inte så långt senare skulle kallas för både pudding och grädddbulle i kvälspressen och visas upp just som en läcker sådan, i bild och text.

Lena G.:s och min första tid tillsammans i Luleå inbegrep också en hel del samvaro med Lillemor, hennes syster, mamman Elly med stora sedlar i en kopparbytta på spiselkransen och sin skepsis inför chefen över arbetsplatsen skolbespisningen, inspektör Ragnar B. Och med mig mitt i som en Romeo med min nära vänskap med Ragnar B.:s yngste son Birger B. och med Lena, Julia, som sin mors dotter.

Birger hade de här åren en egen ägandes brunröd scooter, en Lambretta. Den fick jag låna ibland. Och på den körde jag i triumf min flickvän!

Jag ska också försöka hitta i kretsen om jag kan komma i håg och hinner, innan de här memoarraderna rycks ifrån mig, för att kastas i soptunnan eller gå tryck. Lena G.: s ringkamrat, liksom hon teaterfreak från första stund och rival men inte helt seriöst – var Frej L., florettfäktaren. Och där fanns också min ringkamrat Staffan W., den blivande värste dockspelaren. Jag måste också få tala om Damm, med namnet i klartext. Lenas lokala karriär som sångerska briserade hos hennes musiklärare och dirigent Damm, med förnamnet Sven Eric. Flera: Lena och jag delade två populära lärarpar på läroverket, Wikholms, där han också en tid var ljudradions platschef i Luleå, och Kågermans, med hobby att skriva kriminalromaner. Sist men inte minst Lars Thure Liljedal – är namnet rätt stavat? – som var Lenas, Frejs och också helt blygsamt min – teaterlärare hos ABF i våra första stapplande skådespeleriförsök.

Från den här tiden i Luleå har jag många minnen men de är lösryckta. Dussintals handlar om vår kärlek och vänskap. Kärleken skulle inte hålla hålla för evigt. Men vänskapen, närheten stå sig bortemot 70 år. Om du hör mig nu, Lena G., och kan nicka till svar: Visst lever den än?

Laduluckskyssen

Ett tidigt minne – och mycket fysiskt – i sammanhanget är kyssen i skogen utanför familjen G.s sommarstuga.Det Det var en solig vänlig dag men ändå norrbottniskt kall. Lena och jag var ensamma på tflykt till stugan, och hade tagit en promenad ut från den genom över ängar och genom dungar omkring. Vi sökte skydd bakom en gammal hölada med sin inlastningslucka, sittande en bit upp. Vi började kramas, av kärlek men kanske också för att värma varandra. Jag hamnade av någon anledning ovanpå henne. Det hela var ingen upptakt till en sammansmältning , bara en romantisk smekstund. Men ladluckan som klapprade lätt ovanför mitt huvud ville annat. Just då, kanske enda gången på tio år, lät den vinden rycka sig loss från sina fästen och falla. Pladask ner på min hjässa! Luckan var gisten och inte tung, någon risk för allvarlig skada var det aldrig. Men den tand i mitten av min underkäke som råkade vila mot hennes bröts tvärt av!

Lena skakades inte mycket av händelsen, inte jag heller. Men denna avbrutna tand fick jag behålla länge. Först lagades den med svart lim och blev alltså både fullt möjlig att visa upp, liksom också tuggbar. Men inte snygg! Det skulle dröja bortått 20 år innan en privattanläkare på Riddargatan – min vän "Hässlicher Hasse" K. – justerade lite och bytte ut det svarta limmet mot ett ljust som gjorde att sprickan försvann. Lena och jag hade mycket roligt genom åren åt denna malör. Jag berättade aldrig för någon utomstående. Utom för Hasse K.

Ett annat minne – och bittrare – från vår kärleks tid i Norrbotten var "Jag har varit med Frej"-brevet från henne. Det som bars ut till mn uppehållsplats någonstans i den norröna fjällvärlden. Jag var livkompani–befälselev vid I 19 i Boden och på övning. Lena var fortfarande elev på gymnasiet (sista året, tror jag) Frej L., i hennes klass, var den stiligaste kille man kunde tänka sig och dessutom alltså nybliven skolmästare för hela Sverige i fäktning. (Han talat fortfarande gärna om saken och hur han knäppte vår rektor Einar H. på näsan med sin titel.)

Emellertid, som man sa förr – brevet som kom till mig uppe på vidderna slog fast mycket öppenhjärtigt, och för mig bittert, att Lena hade varit på fest och tydligen umgåtts både privat och ganska intimt med Frej, denne tjusige ringkamrat och eminente författare (som fortfarande alltså är min vän ...)

Och jag? Jag minns att jag stod utanför tältet däruppe vid fjällets snötäckta fot, med brevet i handen. Kamraterna låg därinnanför runt den glödheta kaminen och försökte klara sig på sina vis. Fienden syntes inte till men det var svår nog ändå. Hur kunde Lena svika mig? Och på det här grymma sättet? Jag hängde därute, darrande av köld, med svarta tankar hela bröstet fullt om att ta min kpist och dra till fjälls. Sådant var ganska vanligt på den tiden; vi frihetsälskande halvsamer hade svårt att ta det militäras hårda frihetsinskränkningar, Den här episoden har jag förresten förvandlat till en flykt i fantasin från en svår stund i en av mina ungdomsromaner – När Kennets sista stund var kommen.

Skulle jag ta min kpist, ladda den med skarp ammunition (några sådana skott hade vi befälselever alltid kvar mellan manövrarna och gömda någonstans på logementet, bortglömda av ammunitionsförrådet) och med tårarna rinnande dra mig så långt jag orkade uppför branterna. För att göra vad?

Nej så blev det inte, förstås, varken i När Kennets sista... eller i min egen dåvarande verklighet. Jag tog mig samman på något sätt.

Jag levde alltså i lumpen dels på Livkompaniet I 19 Boden, dels så mycket det gick i ditt sällskap, Lena G., och din mammas. En "militärtjänstepisod" av annat slag minns jag tydligt, kanske för att den rörde något knutet till resan mellan de båda lägren. Vi satt ett sällskap någonstans i Luleå, Lena, jag och några ungdomar till, och lekte ockultister. Det vill säga spelade "glasvandringen". Som alla känner till och faktiskt också många tror på. Jag skulle snart bryta upp och försöka per tummen ta mig tillbaka till min garnisonsstad, 40 km bort. Att det skulle lyckas var inte givet varje gång, även om det underlättade att liftaren var klädd i (snygg) permisuniform. Frågan jag ställde till det vandrande glaset var "Får jag en lift, och i så fall i en bil med vilken färg!" Alla runt bordet skrattade spänt och lät glaset komma i gång.

Svaret blev "Ja, ett mörkt fordon" .

Jag ska inte prata så mycket mer om detta. Men det blev så att en svart personbil, en gammal Cheva, stannade, tog upp mig och körde mig till Boden. Tror Lena G. på spöken? Ja det anar jag... Knappast Frej L.

Hela tiden de är gymnasie– och miliäråren var det klart utsagt att Lena G., liksom florettfäktaren, är de var klara med läroverket i Luleå skulle följa efter mig åt Uppsala universtitets håll och skriva in sig vid Norrlands nation.

Vid Fyris strand skulle Lena G.:s och mitt kärleksförhållande gå i kvav; men innan dess mycket hända.

Teatern vid Fyris å

Redan samma höst som hon kom till Uppsala (och skrevs in för att läsa tyska) upptäcktes hon av revyteatern där. Eller sökte hon i stället självmedvetet upp revydirektören och bad om jobb? Jag vet inte men det kan man gott tro. Fyris teater, "Rune Eks revy" låg vid ån och strax intill Norrlands nation. Det var en revyteater med anor. Owe Thörnqvist hade varit dess direktor och stjärnartist och med den som bas skickat ut sina fantastiskt roliga schlagervänliga visor över landet. När han själv lyft och flugit ut togs teatern alltså över av komikerkollegan Rune Ek. När Lena, jag och Jan Ivarsson kom in i bilden var det Stig Ossian Ericson, en duktig allround‑skådespelare och regissör, som tagit över. Den första sommaren under Uppsalatiden jobbade Lena också som fritidshembiträde. Detta hos sin tyske professor.

Jag minns inte hans namn, men att det flotta stället låg någonstans i Stockholms skärgård. Jag fick lov att komma ut och hälsa på Lena en weekend. Professorns familj hade Ingmar Bergmans "Piss och skit och gröna ärter" som hussvärord. Jag tilläts umgås med familjen, bo med Lena i hennes rum och ensam ro ut i familjens roddbåt och kasta efter gäddor. Två fick jag, fullt ätbara, till professorskans förtjusning.

Jag vet inte om Fyris teatern längre finns eller hur bra den är nu. Jag vet inte om den hade haft någon riktig storhetstid tidigare. Men säsongen med Lena G. var definitivt en av dess bästa. Tack vare det halvdussin kabarévisor som hon lanserade och som både lockade dit journalister och fotografer från Stockholm, och Stig Ossians raffinerade instudering av henne. Lena G. blev stjärna direkt. Ensemblens första namn var annars den grovhuggne bondkomikern Stig G. Han blev senare populär som undrare i radio med flera ställen. Men här på Fyristeatern stod han definitivt i skuggan av Lena. På tal om skugga måste jag få flika in min egen speciella lilla episod i kulisserna är. Eller snarare bakom. Det var så att amatörklubben Studentteatern – där jag hade blivit scenarbetare och smårollsinnehavare – också hade del i revyn. Studentteaterns ordförande och försteregissör hette Jan I. (långt senare svensk lektor vid Sorbonne i Paris). Jan var inte bara litterärt och dramaturgiskt begåvad utan också tekniskt. Han hade skaffat sig jobbet som inspicient på Fyristeatern, också konstruerat en belysningsanläggning åt Stig Ossian som Jan var mycket stolt över, och själv skötte under föreställningarna. Dessutom skrivit (med lite hjälp av mig) Lenas mest bejublade visa i revyn, jag återkommer till den. Men då hände: I skygd av sina regissörsuppgifter vid Studentteatern (som då alltså hade sina egna lokaler i en källare under Engelska parken) hade Jan I. blivit förälskad i en av ingenuerna – en vackert rödhårig studentska, Amanda, bördig från Värmland någonstans. Passionen var tydligen besvarad (trots att Jan I. var gift och hade barn). När ett stort lov kom hade han beslutat skjutsa Amanda till hemorten på sin motorcykel och och där tillbringa några dygn med henne. Som vikarie vid besysningsanäggningen rekvirerade han mig. Jag var visserligen inte teknisk som han. Men uppgiften sades vara lätt. Man behövde bara följa chemat och, ett fåtal gånger, trycka i rätt ordning på vissa tydligt markerade knappar – för att de rätta spotlightarna skulle tändas och släckas på sekunden, ljus spridas över scenen och dunkel skingras.

Jag misslyckades, för att göra en lång historia kort. Det som inte fick hända hände verkligen. En stycke felvridning av mig på en eller annan ratt gjorde att mörk skugga plötlsligt kastades över halva ansiktet på särskilt en skådespelare. Stig G., som var den som var mest beroende av allt Edvard perssonskt "ljus på mig" för att hans klena skämt skulle falla i god jord. Men det var just han, komiker G., som drabbades. Genom en vridning på fel reläknapp kastade sig plötsligt en dyster skugga precis över hans bleka slätstrukna men glättiga ansikte. Inte bara kväll 1 utan också kväll 2 och 3 av mitt vikariat. Sedan var det slut. Stig Ossian kallade tillbaka Jan I. Som fick lämna vad han nu hade för händer där i Värmland och med högsta speed återvända till sin inspicientpulpet.

Vad Lena tyckte om min insats som ljusmakare har jag inget minne av. Kanske var hon fortfarande så pass förälskad i mig att hon avstod från att lägga lök på laxen. Stig Ossian Ericson förlät mig, efter bara en kort utskällning. Långt senare i Stockholm jobbade han med mig och en annan radiokille på ett filmmanus, utan att med ett ord mera beröra vad som hänt på Fyristeatern den gången.

Stig G., för att återknyta till honom, finns med i Lenas liv även efter revytiden i Uppsala. Hon följer honom till Stockholm och lever ihop med honom en tid. Den vet jag inte mycket om. En annan man i Lenas liv – som däremot skulle bli en långvarig vän till mig – var franskastudenten Staffan B., senare författare och känd bl. a. för sin infekterade debatt om Palestina i TV med DN–chefredaktören Herbert Tingsten. Staffan, gitarrist som också skrev egna visor och sjöng chansons, ville också bli trubadur, upptäckte också Lena på sitt sätt, vid den här tiden.. Han ordnade jobb på stadshotellet, Gillet; hon sjöng, Staffan ackompanjerade på gitarr. Var han också hennes älskare? Staffan skulle så småningom och allteftersom skaffa sig 7–8 fästmör och minst lika många äkta makor dessutom. Men jag tror inte han kom i säng med Lena G. I så fall skulle han ha talat om det; han älskade att underhålla mig med berättelser om sina erövringar.

En rad män

I Stockholm tillkommer snabbt för Lena G. en man, dock inte någon älskare. Direktören och filmproducenten Anders Sandrew. Han ser genast Lena G.:s talang och engagerar henne flera år framåt för flera film– och teaterprojekt.

Johan B., filmregissören, var en i raden av Lena G.:s män, mentorer. För mig är hans period förknippad med det som var Lenas hem vid samma tid, en lägenhet i hus no 101 i Surbrunnsomådet. Johan B. var nästan aldrig hemma, när jag kom för att hälsa på Lena. Men han erbjöd mig i alla fall en gång att statera i sin pågående inspelning, av Baltutlämningen.

Jag vet inte vilken roll, om ens någon, som Lena G. kreerade i den filmen. Jag gjorde i alla fall en underofficer i svenska armén som hjälpte till att fösa de påtvingade emigranterna ombord på de väntande fartygen i hamnen. Jag minns Johan allvarligt inspektera min och andra statisters mundering. Jag fick 50 kr i arvode. Dem använde jag till att på Myrorna köpa Ulla L., min frusna dåvarande flickvän, en vitgul militär fårskinnspäls av den klassiska modellen. Ulla var den kvinna som senare skulle föda mig mitt enda barn, en pojke, Jens. Som i dag är lika gammal som Lena G.:s son, sociologen som jag tror har gömt henne.

Det är ju en annan historia. Till den här hör i stället, på ett lustigt vis, ett annat barn. I våningen under på 101:an bodde en skådespelarvän till Lena, Lars L. Lena och jag blev en gång nerbjudna till honom och hans gravida sambo − vars namn jag inte riktigt minns, kan det vara Sonja? − för att dricka kaffe och hänga en stund, som det heter nuförtiden.

Precis som vi satt oss ner hos Lars och flickvännen, gick vattnet för henne. Det blev ett abrupt slut på kaffestunden. Minns du, Lars L.? Lena och jag fick hastigt bryta upp och Lars köra sin Sonja (?) till BB. Som inte låg långt bort på den tiden, vid Valhallavägen.

I en romantisk spelfilm (inte en Johan B:s) skulle min figur ha tänkt högt här: Det barnet borde ha varit ditt och mitt, Lena... Och hon nickat mjukt tillbaka, tittat mig i ögonen utan ord. Men så skedde inte. Jag tror inte att hon hade en tanke på barn i det skedet av sin karriär.

Underbara ting

Det fanns under senare tid också en kvinnlig mentor för Lena G., lite mer i skymundan. Redan i Svartösta'n i Luleå hade Lena stöttt ihop med en kvinna som då hade arbetslokal en trappa ner i ett hus där. Det var författarinnan Sara Lidman. Som sedan flyttade till många andra ställen men sent också slog ner sina bopålar i Skarpnäck, Stockholm – bara ett stenkast från Lenas radhus vid Riksrådsvägen. Sara är en av Lenas favoritörfattare. Vad de talade om när de var tillsammans vet jag inte. Där blev jag aldrig insläppt, så västerbottning jag är.

Jag tror att Lena beundrade de politiska och feministiska idéer som fanns hos Sara L. Lena G. var samhällsintresserad. Men det bröt aldrig igenom till att hon intog någon tydlig politisk ståndpunkt. Jag ska vara näsvis och påstå att när Lena G. promenerade över Skarpnäcksfältet och samtalade med Sara eller mig, ville hon bara i tredje hand prata politik. I andra hand teater (gärna −skvaller). Men i första ta hand om de märkliga formationer som hon hela tiden hittade! För att hon ville.

Ja säkert är det att när hon gick där, med Sara eller mig eller med maken, antar jag – fick Lena G. hon oväntat men väldigt ofta syn på... vek av in i dungen intill, snåret eller gick ner i diket.

Och kom tillbaka med en ovanligt formad bit av en gren eller stubbe, stenar i underliga färger. Kanske till och med en kastad cykelsadel eller något som såg ut som en skulptur av plåt och metalltrådar fast nog bara var en kvarglöd hemmagjord kaninfälla eller liknande.

Men framför allt är det gammalt trävirke som antagit utstuderade former Lena G. faller för: sällsamt tillskapade bitar i alla storlekar av grenar, stubbar och klykor. Kanske var det en sorts naturens egna teaterfigurer, schwankende Gestalte som Goethe talar om, som hon hämtar in och sätter ut på sin egen scen.

Jämlikhet

Ja det här samlandet var en stor hobby för Lena G. Att maken under lång tid, Jan H., oftade luftade sitt missnöje över detta bekom henne inte. Sakerna hon hittat bars hem och fick alla plats i hennes trädgård.

Vem annars vågar öppet visa upp en sådan samlar–dårskap som Lena G.:s? För henne var det inget problem, ity det inte var någon dårskap. Jag vägrar gå med på att det skulle ha något med demens att göra. Och jag undrar nu, son – vart har alla din mammas ting, som nog spegade hennes själ, tagit vägen?

Nu hör jag frågan: Var ni verkligen jämlika, Lena G. och du? Ni var aldrig gifta, ens ringförlovade. Lena växte snabbt till en kändis av i alla fall nordiskt format. Medan du hela tiden bara var en journalistikens fotsoldat. Aldrig blev heller en författare man talade om. Nå, om sanningen ska fram ... hehe... försökte hon "diva" mig några gånger, men blott på äldre dar.

Den första gången jag minns var när hon mer eller mindre beordrade mig att klippa – och med hennes lilla skraltiga manuella maskin tillpå köpet – gräset på den stora matta som omgav ett sommarhus hon en tid hyrde utanför Södertälje.

Till hennes förvåning – kanske – svarade jag "ja visst." Ända sedan studenttiden i Uppsala, då jag klarade en del av min försörjning med att schwungfullt driva jättelika kommunala motorgräsklippare genom Uppsalas parker, såg jag mig själv som både skicklig på och road av att rasen som det heter på tyska. Så det så.

Nästa gång Lena förtryckte till var när hon någon gång på 90–talet försökte tubba mig att byta till vinterdäck på deras gamla Volvo.

"Nej det gör jag inte", svarade jag. "Men du kan få adressen till en finfin bilverkstad nära där jag bor. Kjell N. och hans kompanjon Christer byter gärna däck åt dig. Reparerar också om du behöver.”

Lena tog nådigt emot detta erbjudande. Du, Lena G. och Jan H. reparerade där många gånger. Och min vän Kjelle blev förtjust och har ofta sedan frågat efter dig. Detta trots att du brukade upplysa om att du tyckte han tog för mycket betalt...

AB-typ

Var Lena G. mycket talangfull? Själv var hon från första stund helt övertygad om sin egen förmåga. Fast kritikerna flera gånger i början använde något förklenande omömen om henne som t ex ”vetebulle” (hon var ju faktiskt mycket blond, lite rund och ingen lång och slank eller bredbröstad sångprimadonna assoluta till sin typ.

Ibland glömmer jag mig och blandar ibland ihop Lena G. med Zarah L, en dam som jag både träffat och skrivit om. Lena G. var också ganska bra på tyska, tyckte i alla fall Lenas älsklingslärarinna vid gymnasiet i Luleå, fru Wikholm. Hon var nog överhuvudtaget, som många flickor, bättre i skolan än de manliga kamraterna. Ja en journalist i vår bekantskapskrets letade senare ambitiöst fram betygsnoteringar om Lena från gymnasiet och betecknade henne som en "AB–typ".

Zarah Leander sjöng operett i Wien med Max Hansen. Jag kan ta fel men inbillar mig att Lena G. också vid något tillfälle spelade mot Max Hansen. Lena G:s talang skulle komma att med bravur ta henne genom kommande svåra uppgifter som både Ibsen på Stadsteatern vid N. Bantorget och något större också på Dramaten, vad minns jag inte. Jag vet att hon inte gillade särskilt mycket att arbeta på Dramaten. Någon Bergmanflicka blev hon aldrig.

Frej L. och jag "försonas" i Uppsala – vi hade aldrig varit några riktiga antagonister – och begår tillsammans, strax innan vi lämnar Uppsala, en stor liten teaterresa till London, Paris och Berlin. Medan vi, hennes nära vänner, är borta från staden – kan det ha varit −61? visar Lena G. upp sig som comedienne – fortfarande amatör, på Uppsala Studentteater. Jag tror det är "belysningsmästaren" på Rune Eks revy, Jan I., som sätter upp pjäsen Permutations among Nightingales av Aldous Huxley. Hennes motspelare som den tveksamme greven är Hermann G., senare yrkesverksam som pressråd vid Utrikesdepartementet.

Lena G.:s och mitt band fortsätter att hålla. I mer än 40 år till ska vi komma att – trots många andra partners på båda håll – umgås förtroligt med varandra när vi kommer åt. På många plan och åtskilliga platser. Trots att vi bmåda hade ånga andra kärlekar längs vägen, skulle vår intima vänskap leva vidare.

Tills dels berodde det på att våra yrkeskarriärer snuddade vid varandra. Lena var skådespelerskan i flera genrer, jag både författare, nyhets– och kulturjournalist med början som volontär vid lokalpressen i Luleå och Uppsala, sedan kvällstidning, ljudradio plus eget skrivande utifrån i Stockholm under det långa spannet av kommande decennier.

Att vara svartsjuk, Lena G., slutade jag med redan när det blev slut mellan dig och revyartisten Stig G. Du flyttade ut ur hans våning vid Mariatorget (där jag själv förresten långt senare skulle få tag i en mastig lägenhet med fotogeneldning som jag tror du aldrig kom att besöka. Men Fäktmästaren var där många gånger, han lånade den till och med av mig för att där ha möten med en annan /gift/ utländsk skådespelerska som han var mycket förälskad i.)

Du, Lena fick låna en egen vånng på Brännkyrkagatan av en annan beundrare – men på ett annat plan – Den Store Filmproducenten Anders Sandrew. Jag tror inte att Sandrew i dig såg ett lämpligt föremål för egen åtrå, han fikade bara efter det kommersiella. Du var sedan med i både teaterstycken och filmer han finansierade. Jag har inga siffror.

I stället fortsatte jag att fröjdas över vänskapen med dig ; din personliga värme, yrkesskicklighet och härligt förvirrade förhållande till somligt i livet. Ibland kunde vi mötas så ofta som ett par gånger i månaden, tidvis kunde det gå ett halvår eller mera. Tiden spelade ingen roll. Du fanns alltid nära framför ögnen på mig. Så att jag kunde se de klara dragen i det ansikte, höra hur du använde ditt eviga smeknamn på mig , Peje.

En sak till jag minns är att när jag jobbade som reporter på Expressens huvudredaktion några år fick Lena, min f. d. flickvän, en stor beundrare i den dåvarande kulturredaktören (senare chefredaktören) Bo S. Som beredde plats åt Lena för några rätt kommunistiskt influerade kulturpolitiska artiklar. Zarah L. var aldrig nazist. Lena G var aldrig kommunist. Men de hade båda ganska svaga ögon och levde mest bara för sin konst.

Lena hade en period då hon tyckte mycket om katter. Ett tag hade hon själv två stora, angoraliknande. Ett par gånger reste Lena och jag i bil till hennes resan till hennes mors hus i Dalarna. Mamman var bortgången men Lena ville att jag skulle få se huset. Jag tror hon ville dit för att titta till katterna som var begravda där – efter att efter att ha blivit överkörda några veckor innan på vägen utanför huset. Det blev efter det inte fler katter för Lena. I stället bestämde sig hon och Jan H. att sätta upp ett hus på en stor sjötomt på Gotland som Lena fått köpa billigt av en beundrare som var bonde i trakten. Tomten var så stor att Lena erbjöd mig att köpa halva av henne. Det gjorde jag aldrig.

Men en gång sedan, när huset var just färdigt, lastade jag min bill smockfull med en massa husgeråd från Riksrådsvägen, och körde det till den nygyggda sommarstugan där Jan H. – inte Lena – väntade. Där bjöd Jan H. mig på middag. Han var mycket tacksam för min hjälp. I övrigt sa vi inte mycket. Han berättade i alla fall om sin kommande uppsättning i Oslo av "Amadeus". Efter middagen körde jag min väg.

För jag hade kommit också av ett annat skäl: att för min kriminalförfattarklubbs och tidningen Vi:s räkning skriva en novell från Gotland. Jag valde sedan kvicksandsdynerna vid UllaHaug som mordplats. Men det är återigen en annan histora. Jag säger det bara för att ni som eventuellt läser detta ska förstå att så knäsvag var jag inte inför Lena att jag körde en full billast husgeråd genom halva Sverige bara för att få en kram från henne!

I det där huset ligger också, det är jag säker på, två av mina "manus" som Lena lånade av mig för att läsa, men tankspritt nog aldrig lämnnat tillbaka. Det ena var en pjäs om Zarah L. och det andra en färdig radioinspelning av Resan till Hitler, en halvdokumentär om när ambassadör Gunnar Hägglöf ledde en svensk delegation som sökte upp Göring och Hitler för att hälsa från kung Gustaf att han inte önskade något tyskt angrepp på svenska malmfälten. Jag tar gärna till baka materialet, son, om du kan hitta det !

Störtande statist

Lite mer sticker jag in här om min egen teaterkarriär i Uppsala. Hans Strååt gjorde en omskriven uppsättning av Hamlet på Stadsteatern Uppsala–Gävle, med Ingvar Kjellson i titelrollen. Den spelades på en stor och starkt lutande, paljettliknande plattform på scengolvet. I slutminuten bars den döde Hamlet Kjellson – med ett ”Låt trupperna ge salvor” ut längs den längst upp belägna överkanten av plattformen, vilande på handflatorna på sex statister, officerare i gardet. Och en av dem var jag.

Stiligt, högtidligt och inte så svårgenomförbart ty Kjellson var ingen tung person. (Långt senare skulle jag komma att debattera med honom i en teatertidskrift, sedan den dumme mannen gjort uttalandet att "det viktigaste för teatern är att skapa fina roller för skådespelarna", ungefär.

Men den här gången, på Uppsalapaljetten, var det inte Kjellson som gjorde sig omöjlig. Utan en av statisterna – inte jag – som råkade trampa fel i högst uppe där vi marscherade på högkanten – och störta de ca två metrarna ner i avgrunden bakom. Men det hände ingenting allvarligt. Inget märktes för publiken, Kjellson bars ut, statisten – det var än en gång inte jag – vrickade foten men inget värre, han höll tyst och skrek inte av smärta, utan den – efter fäktning? – avlidne Hamlet som förflyttades vidare mot sin grav utanför scenen.

Lena älskade radio. Hon lyssnade mycket, det vet jag. Hon jag hade några radiosamarbeten, dock av ganska blygsam art. Om något av dem har jag redan berättat. Hon blev tidigt stjärna hos radions Dagens dikt. Hennes röst passade precis centrallyriken. Långt in på 2010–talet lät hon sig kallas att sitta upp på sin röda cykel (som jag skaffat åt henne), trampa till T–stationen och därifrån förflytta sig till Radiohuset för att läsa in dikterna. Jag tror de också saknar dig, Lena G., de på Dagens Dikt–redaktionen.

Hur var det min ekonomi, Lena? Under en period hade du, som riktiga stjärnor måste, för att slippa sitta och räkna på inkomster och utgifter, en agent. Du klagade över att han tog över för mycket av din ekonomi. Det var nog berättigat. Du och jag hade aldrig några ekonomiska mellanhavanden.

Och Lena och makens? Var hon bara gift en gång, med den siste? Jag tror det. Sånt hade jag föga anledning snoka i. Men hon klagade några gånger gånger över hur hög månadsavgiften var för radhuset i Björkhagen/Bagamossen,och att de borde flytta därifrån, maken och hon. Men det blev inte av. Lena G. gillade sin trädgård där för mycket; den var inte stor men fint inhägnad av små lövträd.

Du – en social person

Men på tal om ekonomi: Jag minns i alla fall att hon en gång bannade sig själv för en valstuga som blivit för dyr. Hon tyckte att den skulle vara ett fynd som uthus till det nya fritidshuset. Det gällde en färdiganvänd friggebodsliknande träsak som efter ett val i september någon gång på 90–talet stod på torget i Kärrtorp, och alltså till salu. Själva stugan var inte så dyr. 2000 kr tror jag Men frakten till den gotländska tomten blev det. Jag minns beloppet Lena till sist fick ut med: 40 000 kr. Och jag förstår att hon kallade valstugan sitt livs sämsta affär...

Bara en make alltså – gaanska många män efter mig. Nästan alla var de teatermänniskor i främsta ledet, regissörereller stjärnor på scenen i olika sammanhang.. Det enda undantaget tror jag var en inspelningstekniker, en av dem som var med är Lena G. reste med Povel Ramel för att göra film i Söderhavet. Jag träffade honom aldrig och vet inte hur länge deras bekantskap varade. Men Lena talade väl om honom i brev till mig, hans trygghet. Jag tror det var en bra karl för henne.

Lena spelade förstsås mot många män som hon inte hade något förhållande med. En var

Nils Poppe. Hon brukade klaga över att Poppe nöps onödigt mycket, under pågående föreställning. Christian L., regissör på Stadsteatern bland annat för Sandro Key–Åberg–revyerna – som uppfann monologformen "prator" – tyckte också mycket om att arbeta med Lena G.

Hos många både män och kvinnor – kolleger – var hon populär, både genom sin förmåga att lyssna till folks problem – och ibland åtgärda dem. Jag tror att hon var ganska generös med att låna ut pengar. Och fackligt gjorde hon en uppmärksammad insats, särskilt under sin tid på Stadsteatern i Stockholm.

Hon kreerade några stora dramatiska roller, någon på Dramaten (där jag tror hon inte trivdes), några på Stadsteatern, både i "gamla" huset i Norra Bantorgets närhet och i det nya på Sergels torg. Det som förresten byggdes upp att bli en allmän biblioteks–och kulturkub, och därvid trotsade en av de samtida teaterprofilerna i Stockholm, Pi Lind. Han förespråkade ett folkets kulturhus, en väldig workshop där vem som ville skulle utföra sin kultur av alla slag och institutionsinflytandet vara mycket litet. Jag var med som reporter i radio och spred ljus över Pis idé. Men kommunfulläktige – med Hjalle Mehr i spetsen? – bestämde sig för en officiell institution, styrd av tjänstemän. Vad Lena ville, vet jag inte. Hon valde i alla fall senare att låta sig anställas vid Stockholms Stadsteater – som tog plats i det nya Kulturhuset och gör det ännu – och blev den trogen all sin tid.

För att för ett ögonblick drömma mig tillbaka dit, minns jag ett par gånger då Lena G. kallade på mig för att "stå i kulisserna ", eller sitta längst bak i salongen och se en eller annan förestdär hon hade ett finger med i spelet. Inte som skådis, förstås, utan för att hon hade medverkat till att den satts upp eller bara för att hon tyckte om och ville visa mig den. Det fanns ett annat skäl också. Lena G. var alltså närmast att betrakta som en fackombudsman på teatern fast jag inte tror hon var det officiellt. Inte ens skyddsombud. Men hon gav mig många förtroenden, utan att nämna namn, om hur människor på teatern, mest kvinnliga, kom till henne med sina sorger av olika slag, både psykiska och fackliga. För att få prata, öka tröst, tala ut, kanske bara röra vid henne. En klyscha: Lena pratade ärna gärna själv men kunde också lyssna. Vilken ställning hon tog till Benny F., hennes "sista" chef på teatern och en av de mest kontroversiella, vet jag inte. Den biten invigde hon nog ingen annan än Jan H. i .

Staffan W., Birger B., Montand

Ett minne från en av dessa gästspel i kulissen som hon bjöd in mig till: En stor och brakande enmans–clown–föreställning på lilla scenen – och av ingen mindre än min gamle studentkamrat Staffan W., dockteaterspelaren, allt–i–allo–aktören. Den föreställningen såg Lena G. och jag tillsammans, från längst bak i salongen. Staffan upptäckte oss förstås – och drog kanske på lite extra i sitt utlevande spel.

Jag blev alldeles omtumlad, rusade efteråt hela vägen upp upp på scenen och kramade honom. Så häftigt att jag fick fläckar av hans smink på min kavaj (som inte gick att tvätta bort sedan.) Lena i sin tur förebrådde mig omedelbart för detta när vi lämnat Staffan. "Du borde inte ha gjort sådär", menade hon. "Varför då?" Hon svarade inte. Men jag tror hon menade att "Staffan ville inte krama dig för att han är bög och sådant där kan alltid missförstås". Och att i bakgrunden fanns att hon ville skydda oss båda. Vad Lena inte visste var att jag några gånger långt tidigare och i Stockholm hade umgåtts, ingått i en liten Luleåklubb med, Staffan W. och en annan swinging studentkamrat. Nämligen Birger B., latinaren, en av mina bästa vänner genom tiderna – avliden sedan länge, känd som en av "de lärde i Lund". Det för den vänskapen, det minnet jag kramade. Något erotiskt fanns aldrig mellan de tre av oss.

Nu minns jag också ett annat märkligt möte mellan Lena, mig och en stor skådespelare, rent av en ikon. Det hände för länge sedan. Och då var det jag som var värd och ciceron och Lena G. min gäst.

Jag hade ju då och då jobb och enskilda uppdrag som "nöjesreporter", både för tidningar och i radio. En gång var jag ljudradions man för att få till ett nyhetsinslag med ingen mindre än Yves Montand. Aktören och sångaren Montand hade kommit till Stockholm för att göra en spelfilm, delvis Sandrewfinansierad tror jag. Fulla av förväntan var vi, jag på att få att banda på min Nagra en tjusig liten intervju (på franska; jag är visserligen ganska dålig på språket. Men gick det så gick det eller också fick vi stappla oss fram på engelska). Måhända skulle ikonen också glömma copyrightreglerna och sjunga ett par lines i min mik också? Och Lena –åkanske inför att få sig ett par alldeles egna franska teatervisdomar till livs?

Vi gav oss i väg till Filmstaden Råsunda för att möta honom.Det var ingen ordinarie presskoferens; bara ett särskilt ordnat intervjutillfälle för mig. Ingen presskommissarie fanns ens närvarande. Den store var klädd i mörk kostym som som stod fint mot hans ganska bleka, vackra ansikte. Han satt på en stol en bit från kamerorna och hade gjort paus, med en kopp kaffe i handen (café noir, förstås – och kanske med en gauloise i handen men jag tror det inte). Han var vänligig, utan arrogans, talade lugnt – för att vi skulle förstå – och log mjukt mellan meningarna. Han sa inte så mycket i min in mikrofon och tog ingen ton, minst av allt ur sin världssuccé, sången om Les feuilles mortes. Jag var ändå nöjd. Vad Montand sa speciellt till Lena minns jag inte. Men något var det, för hon var väldigt glad över att ha fått följa med mig. Och knutit ett nytt band till den franska chansonen. Hon personfierade ju faktiskt då och alltid en svensk Irma la Douce, par bleu!

Lena G:s egentliga fack var operett, musical, filmkomedi, kabaret, det tror jag alla kan hålla med om. Jag följde inte allt hon gjorde. Men jag gillade hennes skarpt också när hon agerade i den seriösare teatern.. Hon hade ett på samma gång mjukt och kyligt språk på scenen. De smala läpparna, hennes tungspets som skymtade hjälpte henne till en tydlig diktion. Mycket gillade jag henne till exempel också i den kabaré/viskavalkad, Till Önnemo, i åminnelse av en gammal skola som kunde vara hämtad ur Nu skall vi läsa – Folkskolans Läsebok från 1942. Lena G. framträdde i den på Hamburger Börs i Stockholm. Jag vet inte vilka som skrev de de där numren. De var underbara. Jag tror att Sven–Bertil Taube var Lenas kontrahent på Börsenscenen.

Lena G.:s insater i deckarfilmserien Mannekäng i rött, Damen i svart, Den gula ....?

och allt vad de hette var jag inte särskilt förtjust i. Då hade jag sälv gått i gång som ambitiös kriminalförfattare och tyckte att Hillman-filmerna var alltför klena, intrigmässigt sett. Fast Lena var förstås ...

Hon var också med i någon diskänks-realistisk/politisk film, vad den nu hette. Den spelades in i Jämtland någonstans. Då var jag själv en lokalradions man, outsourcad till Östersund. Det ledde till att Lena G. passade på att ta in hos mig i det flotta radhus jag råkade ha fått som tjänstebostad på Frösön. I sällskap hade Lena sin son, denne Anton eller Anders, som då inte var många månader gammal.

Långt senare medverkade Lena G. också i en film för barn som bland annat handlade om en kontaktsökande varg. Jag gjorde henne sällskap till SF–ateljéerna i Filmstaden, när det vid ett till fälle skulle skjutas några tilläggsscener. Då visste jag inte att jag själv senare också skulle skriva en historia för yngre barn om en farlig varginna med kontaktsvårigheter, När vargen kom till Bötera. En bok med lika romantisk varg- och människosyn tror jag som Lenas film...

Den stora resan

Lena, vi gjorde också en resa tillsammans. Inte så lång men ändå en multiresa. Den gick till och med till utlandet!

En av anledningarna till den var att min pappa hade blivit befordrad från postmästarjobbet i Nederkalix till samma men högre betalda befattning i Åstorp i Skåne. Pappa var skåning och hade länge längtat "hem". För min mor som var bördig från Vilhelminaskogarna, var en Skåneflytt länge inte lika angeläget. Men snart fick hon veta, om jag tillåts skjuta in det också, att Åstorpsborna aldrig hade träffat en justare norrlänning än mamma (om ens någon alls)... Lena och jag bjöds ner för att hälsa på i Åstorp, och sedan göra de utflykter vi ville.

Du minns, Lena, nog inte mycket av denna vår resa. I alla fall var den stor för mig. Genom hela Skandinavien nästan, ända till Hamburg. Och romantisk. Trots inledningsvis en enformig tågsittning. Men sedan! Bland annat ingick en 20 kilometers vild jakt på cykel Åstorp–Hässleholm för att hinna i fatt en flyende älskad, jordgubbsplockning på ackord ängs Findus oändliga plantrader i solen någonstans utanför Bjuv. Med svetten stickande i ögonen, insekter surrande och magen alltmer less på att behöva lura uppsyningsmännen genom att stoppa i sig ännu mer av arbetsmaterialet. Jag ska slå fast här, att jag var mycket mer uthållig i jordgubbsfårorna de där dagarna än du, Lena. Min ackordsdaglön var alltid större än din! Jag förlåter dig. Jag säger inte att du var mindre uthållig, latare än jag. Du hade din framtida aktrishy, blänkande fingrar och naglar och vackra hår att tänka på. Inte jag.

I studentmössa på Reeperbahn

Vår resa fortsatte från Bjuv, till Köpenhamn C. Där vi likt alla andra turistande och så länge starkspritransonerade och suktande svenskar på den tiden inte kunde avhålla oss från att handla direkt i kiosken i avgångshallen några av de slimmade röda varmkorvarna, tillsammans med minst två spetsglas med brännvin. Av vilken sort vet jag inte. Underbart! att stå där bredbent på hallens stora golv, se varann lystet i ögonen och gå helan med de stora suparna!

Vidare med tåg och färja och tåg igen till Hamburg. Där hände det, måste jag börja med att nämna, att de studentmössor vi bar – Lena hade nyligen fått sin och jag hade min på för sällskaps skull – hamnade i en stor svensk tidnings insändarspalt där någon skrivit och förfasat sig! Ja vi var inte opåverkade av omgivningen, de horkvarter vi hade förlagt promenaden till. Där utmanade vi, enligt denna insändare, med våra vita rena studentmössor all anständighet och skämde ut Sverige. Vi tycktes hånskratta och flina åt nöden, Reeperbahns glädjeflickor. Sant i allt detta är att Lena och jag vi tyckte det var kul att glida runt där med de studentmössorna. Lite av en utmaning. Men våra glada flin rörde absolut inga andra än oss själva. Ska tilläggas att insändaren förstås inte visste vilka vi var. Den uttryckte bara en allmän beskärmelse.

Vi gick i alla fall vidare, stirrade upp upp längs Herbertstrasses fasader med sina "skyltfönster". Och sov sedan över i ett rum som kanske egentligen var typ betalning per halvtimme. Vi tyckte alltihop var spännande. Det minns jag, det erkänner jag. Och Lena G. och jag ägnade inte en tanke åt eller mot den tyska prostitutionsmodellen.

Tillbaka i Åstorp var det dags att skiljas, för Lena hade ännu ett eget släktingbesök i Skåne att göra. På Hven, den kulliga lilla ön utanför Landskrona. Det började med ett dramatiskt avsked; jag ville inte skiljas från henne. Jag sa ingenting där på Åstorps järnvägsstation. Men när tåget hade gått med dig ombord, Lena G, kunde jag inte hjälpa att tårarna kom i ögonen.

Jag snubblade ner till hemmet, hittade en cykel som tillhörde mig eller pappa. Jag kastade mig upp på den och trampade, hela tiden med tårar och vindfukt i ögonen, rädd för att aldrig hitta dig mer igen. Men också stolt över hur duktig jag var att cykla, hur fort det gick, att jag inte krossades av någon långtradare; varenda kilometer av de två milen på motorvägen till Hässleholm.

Turen fortsatte stå mig bi. På stationen där hittade jag dig. Tillsammans fortsatte vi till Hven. Jag tror jag tog med mig cykeln. Du hade inget emot mitt sällskap, Lena.

På ön möttes vi, eller rättare sagt inte, av det märkliga att din släkting inte fanns där. Deras hus var tomt. Ett missförstånd om besökstiden! En granne kunde uppysa om att familjen var på semester, kanske på Mallorca, en annan fin ö.

Sörjde du över det, Lena? Tror inte det. Iinte jag heller. Och grannen visste i vilken blomkruka utanför som husnyckeln fanns.

Och sedan Hven – jag skriver alltid Hven, tycker Ven är ett för litet och futtigt ord − den den underbara ön där vi cyklade tillsammans, Lena G. på stigarna runt Backafall. Jag vet inte om vi sjöng sången. I alla fall kan jag den. Men jag minns att det inte blev några älskogsstunder. För det enda "preventivmedel" vi kunde få tag i var några små plastpåsar. Kondomer fanns inte att köpa på ön. Och plastpåsarna dög inte, vid närmare skärskådan...

Jobbade tillsammans

Ett roligt samjobb (inte bara för mig) Lena G. och jag hade någon gång på 80−talet tror jag, var mitt radioprojekt med arbetsnamnet "Så gick det sen". Jag hade bett hos underållnings-chefen Tuppen Eliasson att få skriva och spela in en serie fiktiva satiriska porträtt av en rad svenskar i förskingringen i showbusiness som dragit sig tillbaka från vimlets yra av mer eller mindre seriösa skäl; och deras liv senare. Jag fick till och med ett litet förskottshonorar (som jag delade med Lena) vilket var rätt rätt sällsynt på den tiden. I provprogrammet, om en skådespelerska som inte ville jobba så mycket längre utan i stället levde ett dunkelt pensionärsliv, om man så säger, intervjuade jag Lena G. "i rollen". Vi spelade in själva också i hennes dåvarande hem på Birger Jarlsgatan, enkelt tekniskt, på en vanlig Nagra recorder. Vi borde egentligen ha varit professionellt allvarliga men spräckte det med att ha flamsigt roligt, minns jag. Lena alltså som divan den där flytt undan yrkets hårda konkurrens och nu "vilade upp sig" vid någon beach i Malaga. Men inbillade sig att hon fortfarande låg i framkant, och att världen hungrigt väntade på hennes comeback. Jag tyckte det var underhållande. De andra avsnitten jag plitat ner gick i samma lättsamt satiriska stil. Tyvärr var Tuppen sedan inte lika förtjust; det blev ingen programserie.

Från den sista tiden av promenaderna med Lena minns jag Jan H:s "finkänslighet". Innan jag kom för att föra ut henne på stigarna i Skarpnäck hade han redan försvunnit. Och senare kunde vi se honom skymta, själv i träningsoverall, stå och stretcha mot ett träd, eller flykta med snabba steg genom en dunge någonstans. Sista gången jag såg honom var var också den sista gång jag träffade Lena. Hon stod i porten på radhuset. Hon hade glömt att vi hade bestämt träff och bad mig förlåta mig men hon mådde inte bra. Hon skulle ringa tillbaka senare. Jag försökte säga, igen, att det var osäkert om jag kunde höra hennes telefonsignal. Jag hade ju redan då hörsvårigheter. Att jag föredrog att vi bestämde en ny tid redan nu. Bakom henne, i hallen, skymtade maken. Han var grå i ansiktet; såg heller inte ut att vara frisk.

Lena svarade inte, bara log mot mig och stängde dörren. Det var det sista jag såg av dem båda. Några veckor senare fick jag veta att Jan H. hade gått bort. Och när jag ännu lite senare, efter att ha väntat på att höra av Lena, tog mig tllbaka till radhuset på Riksrådsvägen, var Lena borta och huset stängt. Det enda jag fick var ett besked var att Lena flyttat – vart visste grannen inte – och huset redan hade nya hyresgäster. Och Lena G. för alltid borta? Nej! Det är just det jag inte fått klarhet i, fortfarande inte vet ännu två år senare.

Varför blev det inte så att vi levde ihop fullt och helt? Det var aldrig oundvikligt, aldrig självklart omöjligt. Och flera tillfällen gavs till en sådan omstart. I stället blev det så att Lena G redan från den tidigaste karriären valde en rad andra män De hade nästan alla det gemensamt att de var välkända regissörer och framstående skådespelare. De kunde lära henne mer om teater– och filmarbetet, ge henne viktiga roller i sina uppsättningar. En sådan attraktion var inte jag. För min egen del skulle jag vid varje tillfälle då chansen kom, ha bett om hennes hand. Men tillfället uppstod aldrig. Efteråt sörjer jag inte. Hon var inte bara åtråvärd och hade goda sidor. Det fanns sämre också. Jag var ju också en showbusiness man...! Vi skulle ha kunnat prata teater hela natten, Lena G. och jag Men i övrigt också ganska olika. Kanske bäst som (inte) skedde. Prosaiskt...

Det jag skrev i början, Andreas, var inte riktigt sant. Jag känner till ditt förnamn men inte ditt efternamn. Jag vet att du inte har gömt din mor för hennes vänner i någon ond avsikt. Du såg hennes växande okontaktbarhet och ville skydda henne från skarpa kanterna på världen omkring. Därför har du dragit henne i skymundan. Vi, Frej L., Hermann G., jag och många flera får lov att uppskatta det. Vi hoppas att du funnit åt vår Lena ett gott varmt hem av något slag.